dtv
Reihe Hanser

Willi hat ein merkwürdiges Erlebnis beim Hühnerschlachten: »Halt«, schreit ein Huhn, das behauptet, eine verwunschene Prinzessin zu sein. Willi steckt das Huhn kurzerhand in seine Tasche. Das sieht sein Chef aber gar nicht gern, dass Hühner gerettet werden, und kündigt Willi umgehend. Zu Hause angekommen befreit Willi das Huhn aus seiner Tasche und siehe da: In seiner Küche steht eine wunderhübsche Prinzessin.

Franz Hohler, 1943 in Biel geboren, lebt heute in Zürich. Der Autor arbeitet als Kabarettist, schreibt Gedichte, Geschichten und Theaterstücke.
Nikolaus Heidelbach, 1955 in Köln geboren, studierte Germanistik, zeichnet und illustriert seit vielen Jahren. Heute lebt er als freischaffender Künstler in Köln.

Franz Hohler

Der Riese und die Erdbeerkonfitüre

und andere Geschichten

Mit Bildern von
Nikolaus Heidelbach

Deutscher Taschenbuch Verlag

Ungekürzte Ausgabe
In neuer Rechtschreibung
April 2000
Deutscher Taschenbuch Verlag GmbH & Co. KG,
München
© 2000 Franz Hohler
Erstveröffentlichung: 1993 Ravensburger Buchverlag Otto Maier GmbH
Umschlagbild und Illustrationen im Innenteil: © Nikolaus Heidelbach
Satz: Fotosatz Reinhard Amann, Aichstetten
Gesetzt aus der Sabon 13/17,75˙ (QuarkXPress)
Druck und Bindung: Appl, Wemding
Gedruckt auf säurefreiem, chlorfrei gebleichtem Papier
Printed in Germany · ISBN 3-423-62021-8

Inhalt

Die fleißige Tiefkühltruhe

Es war einmal ein Ferienhaus in den Bergen, das gehörte einem kleinen Mann mit einer Glatze, und im Keller dieses Ferienhauses stand eine Tiefkühltruhe.

Die Tiefkühltruhe liebte den kleinen Mann mit der Glatze sehr. Sie freute sich wochenlang, bis er kam, und war dann immer etwas traurig, wenn er nur schnell den Deckel aufmachte und eine gefrorene Schweinswurst herausnahm, ohne sie zu beachten.

Gerne hätte sie ihm gezeigt, was sie konnte und was sie wert war, und siehe da, eines Tages hatte sie plötzlich Gelegenheit dazu.

Bevor der kleine Mann mit der Glatze im Winter aus dem Ferienhaus abreiste, schmiss er noch schnell etwas Butter, eine Packung Rohschinken und ein paar Schweinswürste in die Tiefkühltruhe. Natürlich sagte er auch jetzt wieder nichts, obwohl die Truhe ein schmeichelndes Eisräuchlein aus ihren Tiefen steigen ließ, aber als er den Deckel schloss, berührte er aus Versehen mit seinem Daumen den Schalter »Schnellkühlung«.

Das ließ sich die Truhe nicht zweimal sagen. Sie kühlte und kühlte, so schnell sie konnte, und einen Tag, nachdem der kleine Mann mit der Glatze fortgegangen war, war ihr Boden schon mit einer Eisschicht bedeckt, und nach zwei Tagen waren die Zuchtforellen unten in der Truhe bereits vom Eis umschlossen und nach drei Tagen die Spinatschachteln mit dem verfallenen Datum, und der Schalter »Schnellkühlung« leuchtete immer noch, und nach vier Tagen waren auch die Schweinswürste und der Rohschinken samt der Butter von Eis umklammert, und am fünften Tag sprang der Deckel mit einem kleinen Knall auf, und weil der Schalter »Schnellkühlung« immer noch leuchtete, kühlte die Truhe weiter, und bald wuchs ein kleiner Gletscher zum Deckel heraus, schubste nach ein paar Tagen die Weinflaschen vom Regal und zerdrückte sanft, aber unaufhaltsam alle Shampoos und Schaumbäder, die dort als Vorräte standen, und mit einem seltsamen Knirschen wurden auch die Thunfischbüchsen verbogen und schwammen im gefrorenen Schaumbad mit, und der Schalter »Schnellkühlung« leuchtete immer noch unter dem Eis, und nun stieg es langsam die Treppe hoch. Ein paar Tage später krachte die Kellertüre, und der Tiefkühltruhengletscher war in der Wohnung und hatte zum ersten Mal in seinem Leben einen Spannteppich unter den Füßen. Aber tief unten leuchtete der Schalter »Schnellkühlung« weiter, und so kroch der Gletscher zur Sitzgruppe und machte es sich auf den schwarzen Polstern bequem. Als er in der Küche auf den Kühlschrank traf, gab es ein großes Hallo, der Kühlschrank öffnete sofort seine Tür, und zusammen kippten sie ein Bier.

Ja, und so wäre es noch lange weitergegangen, wenn nicht im Frühling ein Bergführer und ein Elektriker am Haus vorbeigegangen wären und sahen, dass aus dem Kamin ein Eisberg wuchs. Im selben Moment brach die Haustüre von innen splitternd auf und der Rest ist bald erzählt.

Der Elektriker hatte nämlich seinerzeit dem kleinen Mann mit der Glatze die Kühltruhe verkauft und vermutete gleich, der Eisstrom käme aus dem Keller.

Eine ganze Woche lang arbeitcte sich der Bergführer mit dem Pickel in den Keller hinunter, bis er den Schalter »Schnellkühlung« unter dem Eis hervorschimmern sah.

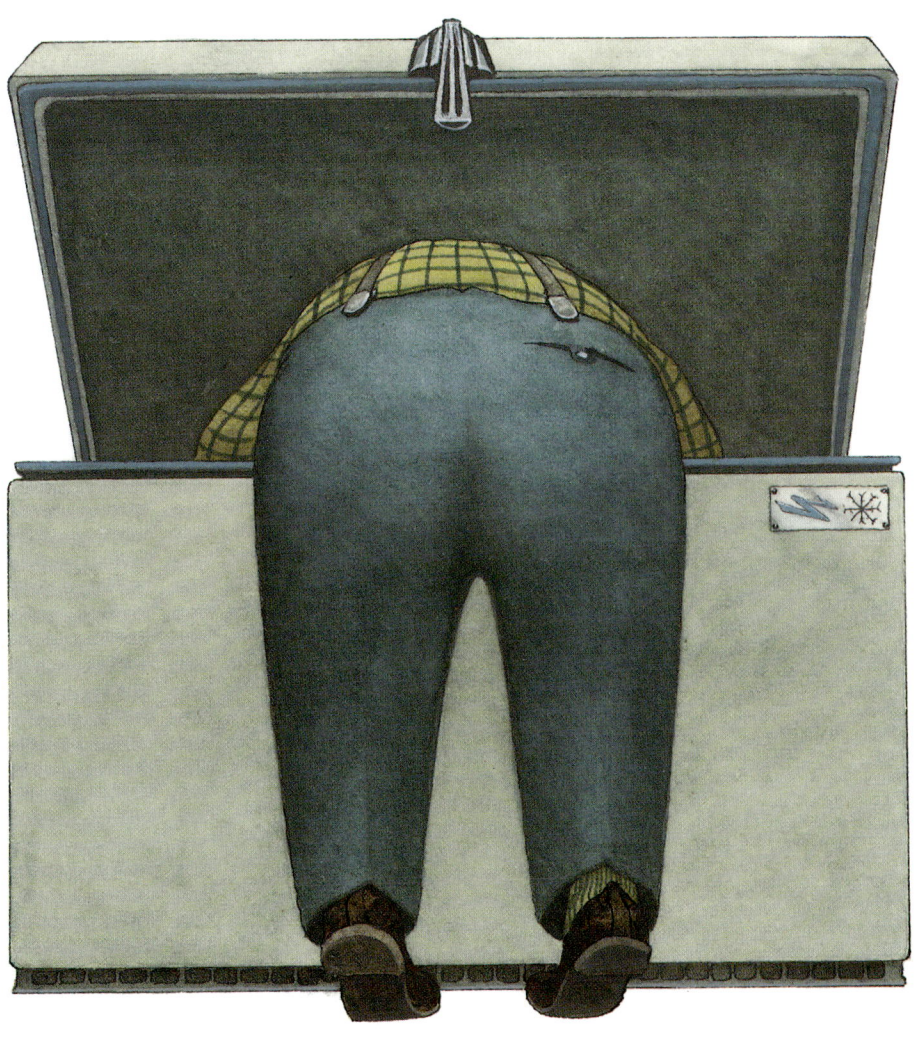

Der Elektriker machte noch schnell ein Foto für seinen Prospekt, um zu zeigen, dass diese Tiefkühltruhe wirklich »einen Hauch von Sibirien in Ihren Keller bringt«, wie er den Kunden immer angepriesen hatte, und als der kleine Mann mit der Glatze später in seinem übel zugerichteten Ferienhaus stand, ging er nachdenklich zu seiner Kühltruhe hinunter.

Er schaute sie lange an, hob dann drohend den Finger und sagte: »Na, du Truhe, du!«

Von jetzt an behandelte er sie aber viel vorsichtiger, er blickte sie immer zweimal an, bevor er sie öffnete oder schloss, und nun passierte nie mehr etwas Derartiges und da können wir froh sein, denn der Elektriker aus den Bergen, der mir das erzählt hat, hat gesagt, wenn es auf der Erde je wieder zu einer Eiszeit kommen sollte, dann so.

Eine dumme Geschichte

Eine Sau erhielt einmal Besuch, und zwar von einem Stroh.

»Hallo, Stroh!«, sagte die Sau, die gerade mit der Schnauze im Trog wühlte, »was führt dich zu mir?«

»Eine Beleidigung«, sagte das Stroh mit piepsender Stimme, »eine unerträgliche, dauernde Beleidigung!«

Erschrocken blickte die Sau von ihrem Imbiss auf.

»Ich soll dich beleidigt haben?«, fragte sie, »das täte mir Leid.«

»Nein«, krähte das Stroh, »du und ich, wir werden täglich beleidigt! Wenn die Menschen jemandem sagen wollen, er sei besonders dumm, sagen sie entweder strohdumm oder saudumm!«

Die Sau hörte auf zu kauen.

»Und was willst du dagegen tun?«, fragte sie.

»Darüber habe ich lange nachgedacht«, sagte das Stroh stolz, »und jetzt weiß ich es. Wir schlagen den Menschen einfach ein neues Wort vor.«

»Aha«, sagte die Sau, »und was für ein Wort?«

Das Stroh holte ganz tief Luft und sagte dann: »Steindumm.«

Die Sau wackelte nachdenklich mit den Ohren. »Ich weiß nicht«, sagte sie, »damit würde einfach jemand anderer beleidigt.«

»Einem Stein kann das egal sein«, giftelte das Stroh, »der ist doch steindumm.«

»Nein«, sagte die Sau, »ich mache nicht mit. Sollen die Menschen sagen, wie sie wollen.«

»Gut«, sagte das Stroh trotzig, »dann mache ich den Vorschlag allein – wenn du so saudumm bist.« Und es machte sich sogleich auf den Weg.

Aber es war keine zwei Schritte gegangen, da fiel aus dem Schweinestall ein Stein herunter und schlug es tot.

Die Sau schüttelte den Kopf. »Das kommt davon«, sagte sie und senkte die Schnauze wieder in den Trog, »das kommt davon, wenn man so strohdumm ist.«

Der Riese und die Erdbeerkonfitüre

Ein Zwerg wurde einmal nach Amerika eingeladen. Sein Bruder war vor vielen Jahren dorthin ausgewandert und schickte ihm nun ein Flugticket, damit er ihn besuchen komme.

Der Zwerg freute sich sehr, aber dummerweise fiel der Tag der Reise genau in die Zeit der Erdbeerernte. Das war deshalb dumm, weil der Zwerg jedes Jahr den Bauersleuten, in deren Nähe er wohnte, eine Nacht lang Erdbeerkonfitüre machte, die sie dann am Morgen als Überraschung auf dem Küchentisch vorfanden. Dafür legten sie ihm jeweils in der nächsten Nacht einige Päcklein Kaugummi vor die Türe, da sie wussten, dass der Zwerg Kaugummi über alles liebte.

Der Zwerg überlegte sich lange, was er tun sollte. Er wäre furchtbar gern nach Amerika geflogen, aber er wollte seine Bauersleute nicht im Stich lassen. Schließlich ging er zu einem Riesen, der im Nachbartal wohnte, und fragte ihn, ob er ihn nicht dieses Jahr beim Konfitüremachen vertreten könne. Er erzählte ihm auch vom Kaugummi, und als der Riese fragte, ob er dann wohl ein bisschen von der Konfitüre probieren dürfe, sagte der Zwerg, selbstverständlich, wenn es nicht zu viel ist, und da sagte der Riese zu.

Der Zwerg schilderte ihm genau, wo das Haus war und wo die Küche im Haus war und wo die Gläser und die Pfannen und der Zucker und die Löffel in der Küche waren, und dass er auf 1 Kilo Erdbeeren 1 Kilo Zucker nehmen müsse, und ermahnte ihn, äußerst leise zu sein und am Schluss alles schön aufzuräumen, abzuwaschen und wieder an seinen Platz zu stellen, da das mit zur Überraschung gehörte.

Der Riese versprach ihm, alles nach seinen Anweisungen zu tun, und der Zwerg flog erleichtert nach Amerika ab.

Als die Sommersonnwende gekommen war – das war nämlich die Nacht, die der Zwerg zum Erdbeerkonfitüremachen immer abwartete –, ging der Riese mit großen Schritten zum Bauernhaus, das ihm der Zwerg angegeben hatte. Er sah sogleich, dass der Kücheneingang zu klein war für ihn, hob die Tür aus den Angeln und schlug oben noch ein Stück aus der Mauer heraus, bevor er sich hineinzwängen konnte. Drinnen war alles so, wie ihm der Zwerg erzählt hatte, und der Riese begann sofort mit der Arbeit.

Allerdings waren seine Hände zu grob, um die Stiele von den Erdbeeren abzunehmen, also warf er diese samt den Stielen in den Topf, den er auf den Herd gestellt hatte. Kaum hatte er die Herdplatte auf Stufe 6 gedreht, zersprang der Topf und der Riese merkte, dass er ihn mit einer Pfanne verwechselt hatte. Als er die Erdbeeren, die nun auf dem Herd herumlagen, mit den Händen aufnehmen wollte, verbrannte er sich die Finger auf der heißen Platte und schrie laut auf. Dann kam ihm in den Sinn, dass er leise sein sollte, und um sich zu beruhigen, summte er ein bisschen vor sich hin. Das tönte wie ein ganzer Männerchor und die Bauersleute, die schon beim ersten Rumpeln im Bett aufgefahren waren, erschraken nun noch mehr. Der Bauer wollte nachschauen gehen, aber die Frau hielt ihn zurück und sagte, der Zwerg habe wohl dieses Jahr ein paar Helfer mitgebracht, und wenn sie ihn bei seiner Arbeit überraschten, käme er nie mehr.

Inzwischen hatte der Riese alle Erdbeeren und auch ein paar Scherben des Topfes in die große Pfanne gekippt und dazu unablässig vor sich hergesummt, um seine Brandwunden zu vergessen. Die Pfanne stand nun auf der heißen Platte und der Riese versuchte sich zu erinnern, wie viel Zucker er dazugeben musste. Er hatte aber keine Ahnung mehr und so schüttete er einfach so viel dazu, bis die Pfanne voll war. Die Küchenuhr hatte er beim Hereinkommen mit dem Kopf heruntergeschlagen und deshalb begann er laut zu zählen. 20 Minuten sollte die Konfitüre kochen, hatte der Zwerg gesagt, und da der Riese wusste, dass eine Minute 100 Sekunden hat, nahm er sich vor, 20 mal bis 100 zu zählen und dann die Pfanne vom Herd zu nehmen. Er war noch nicht zum ersten Mal auf 100, als der Zucker aus der Pfanne überzulaufen begann, so sehr er auch mit dem Löffel rührte. Oh, dachte der Riese, oder sollten es nur 20 Sekunden gewesen sein? Er nahm einen Löffel voll in den Mund und biss auf eine heiße Scherbe, die er mit einem Schmerzensschrei ausspuckte.

Was er aber danach im Mund hatte, war so süß wie nichts, was er bisher im Mund gehabt hatte, und da ihm der Zwerg ja erlaubt hatte, gelegentlich etwas zu probieren, schlürfte er den erwärmten Zucker mit Erdbeergeschmack Löffel um Löffel herunter, rief ein übers andere Mal »Ah!« und »Oh!«, und dazwischen manchmal »Auuu!«, wenn er wieder eine Topfscherbe erwischt hatte, und erst als er den Boden der Pfanne sah, dachte er wieder an seinen eigentlichen Auftrag

und leerte rasch die paar Scherben, die zuunterst lagen, in eines der bereitstehenden Gläser, verschüttete die Hälfte des klebrigen Saftes auf den Tisch und stellte dann die leere Pfanne auf den Küchenboden. Da er das Papier nicht fand, mit dem er die Konfitüre hätte verschließen sollen, legte er den Pfannendeckel auf das Glas und schrieb auf einen leeren Zuckerpapiersack: »Ire Erpeerkompfi. Vreue mich schohn auf ten Kaugumi. Ir Tzwerg.« Das Schreiben hatte ihn so erschöpft, dass er sich einen Moment ausruhen musste, und tief aufatmend setzte er sich auf die heiße Herdplatte.

Mit einem markerschütternden Geheul fuhr er sogleich wieder auf, stieß mit dem Kopf durchs Dach der Küche, dass die Balken und Ziegel auseinander barsten, und machte sich mit langen Schritten davon, in sein Tal, wo er seinen wunden Hintern in den Bach hielt, der vor seiner Höhle vorbeifloss.

Als sich die Bauersleute aus dem Schlafzimmer in die Küche wagten oder in das, was von der Küche noch übrig geblieben war, schüttelten sie immer wieder den Kopf. Die Frau sagte, das kann nicht unser Zwerg gewesen sein, und der Mann, der mit dem Taschenrechner den Schaden zusammenzählte, sagte, der braucht nicht mehr zu kommen.

Und der Zwerg kam auch nicht mehr, denn es gefiel ihm so gut bei seinem Bruder in Amerika, dass er einen Englischkurs nahm und dort blieb, und auch der Riese ließ sich wohlweislich nicht mehr blicken, und so müssen sich die Bauersleute ihre Erdbeerkonfitüre wieder selber machen, obwohl die Frau noch heute jedes Jahr in der Nacht nach der Sommersonnwende einen Kaugummi vor die Haustür legt.

Der Traumprinz

Vor der Königsstadt lauerte ein grässlicher Drache und verschlang wahllos Reisende, Ausflügler und Lieferanten, die nichts ahnend des Weges kamen.

Als auch die Spezialeinheit des königlichen Heeres zur Drachenbekämpfung vom Drachen zermalmt wurde, ließ der König verkünden, wer dieses Untier besiegen könne, bekäme seine Tochter zur Frau.

Das zog einige Abenteurer und Prinzen an, die es zu Pferd mit dem Speer oder zu Fuß mit dem Schwert versuchten, aber einer nach dem andern musste dabei sein Leben lassen.

Nachdem fünf Abenteurer und zwei Prinzen vom Drachen getötet worden waren, kam der dritte Prinz und richtete in der Nähe des Drachennestes eine große Feldküche ein, aus der bald die wunderbarsten Düfte strömten. Auf eine große Tafel schrieb er »Zum Drachenpicknick«. Dem Drachen stiegen die Düfte in die Nase, und als er auch noch die Tafel las, erkundigte er sich beim Prinzen, was das zu bedeuten habe.

Der Prinz sagte ihm, dass es hier von nun an täglich eine Mahlzeit für Drachen gebe, mit stets wechselndem Menü.

Das erste Menü schmeckte dem Drachen vorzüglich, es war ein gebratener Ochse, der mit einem gebratenen Schaf gefüllt war, und er beschloss, am nächsten Tag wiederzukommen.

Am nächsten Tag gab es Walfisch mit Eierschwämmen und der Drache war begeistert, sodass er am dritten Tag das

Wildschwein mit der Knollenblätterpilzsauce schmatzend verzehrte und bald darauf unter schrecklichen Krämpfen den Vergiftungstod starb.

Die Prinzessin freute sich auf das Zusammenleben mit diesem tapferen Mann und die Hochzeit wurde ein rauschendes Fest.

Sie war etwas erstaunt, als ihr der Prinz gestand, er würde eigentlich am liebsten zu Hause bleiben und den Haushalt besorgen. Aber es kam der Prinzessin gelegen, denn sie war Ohrenärztin und hatte so viele Patienten, die zu ihr kamen, dass sie froh war, wenn sie sich am Mittag an einen gedeckten Tisch setzen konnte, und dass sie nachher das Geschirr nicht abzuwaschen brauchte und dass sie sich auch nicht um ihre Wäsche kümmern musste, denn das machte alles der Prinz.

Auch die beiden Kinder, die sie bekamen, wurden vor allem vom Prinzen gewickelt, gebadet, gekleidet, und nach dem Abstillen machte er ihnen die wunderbarsten Nuckelflaschen, an denen sie immer mit großer Freude saugten.

Der König hätte es zwar lieber gesehen, wenn der Prinz die Leitung seiner Armee übernommen hätte, aber der betonte, es sei ihm wichtiger, dass seine Kinder saubere Windeln bekämen, und er halte Kriege für unmenschlich.

Und so wurden sie zusammen älter, und als der König starb, wurde der Bruder der Prinzessin sein Nachfolger und die Prinzessin wurde eine berühmte Ohrenärztin, die zu Ohrenvorträgen und Ohrenkongressen auf der ganzen Welt eingeladen wurde, während der Prinz zu Hause für sie das Telefon abnahm und mit den Kindern die Hausaufgaben

machte, und wäre nicht bekannt gewesen, dass er früher einmal einen Drachen besiegt hatte, man hätte ihm eine solche Tat nicht zugetraut.

Viele Frauen aber, die ihren Mann kaum je zu Gesicht bekamen, weil er dauernd auf Schlachtfeldern, Kreuzzügen oder Drachenjagden war, beneideten die Prinzessin um ihren Mann und sagten von ihm, das wäre eigentlich ihr Traumprinz.

Das Wunder im Schlachthof

Der Schlachthofangestellte Willi hatte einmal ein sonderbares Erlebnis, und zwar beim Hühnerschlachten.

»Halt!«, rief ihm ein Huhn zu, das an den Füßen aufgehängt auf der Rollschiene dahergeschoben wurde, »bring mich nicht um, ich bin eine verzauberte Prinzessin!«

»In Ordnung«, sagte Willi, hängte das Huhn aus und legte es hinter sich auf den Boden.

»He, was ist mit diesem Huhn?«, fragte der Schlachthofmeister, der wenig später vorbeiging.

»Ich muss es leben lassen, es ist eine verzauberte Prinzessin«, sagte Willi.

»Raus!«, schrie der Meister, »und zwar sofort!«

Da steckte Willi das Huhn in seine Mappe und ging nach Hause. Dort nahm er es heraus und fragte es, was er tun müsse, damit er es erlösen könne.

»Es genügt, dass du mich gefragt hast«, sagte das Huhn und stand als wunderhübsche Prinzessin in seiner Küche.

Sie heirateten sofort und kauften mit dem Geld der Prinzessin den Schlachthof und als Erstes entließen sie den blöden Schlachthofmeister, der gesagt hatte: »He, was ist mit diesem Huhn?«

Dann machten sie aus dem Schlachthof ein Hühnerparadies, in dem die Hühner auf Spannteppichen herumscharren und ins Kino gehen konnten und ihre Eier auf Polstersessel legten, und es waren die besten Eier weit und breit.

Wenn Willi mit seinem Futter zu den Hühnern ging, packte er manchmal eins und schaute ihm in die Augen, aber die Hühner gackerten nur dumm und verstört, und sooft Willi es auch versuchte, es war nie wieder eine verzauberte Prinzessin darunter.

Das Huhn auf der Funkausstellung

Ein Huhn wollte schon lange zur Funkausstellung, weil es sich für Technik interessierte. Seine große Leidenschaft waren Fernbedienungsgeräte. »Du pickst mit dem Schnabel drauf und schon hast du die Welt im Hühnerhof«, pflegte es zu sagen. Die andern Hühner lachten es aus, aber als es im Transistorradio seines Meisters hörte, die diesjährige Funkausstellung sei eröffnet, beschloss es hinzugehen, flatterte über den Maschenzaun und machte sich auf den Weg.

Es fuhr mit der S-Bahn zum Messegelände. Dort folgte es einfach den Menschenmassen und schon war es in der Funkausstellung, die es im Schatten einer Schulklasse unbemerkt betrat. Was gab es da nicht alles zu sehen! Nachrichtensatelliten waren hier ebenso ausgestellt wie Radios, Videos, Fernseher und Lautsprecher, überall standen Musiker oder Sängerinnen mit einem Mikrofon in der Hand, und was sie spielten, wurde auf Bildschirmen übertragen, die zum Teil so groß waren wie ein Hühnerstall. Beeindruckt lief das Huhn durch alle Hallen, ging Treppen hoch und hinunter und guckte sich überall um, aber soviel es sich auch umschaute, nirgends sah es ein Fernbedienungsgerät.

Dafür merkte es plötzlich, dass es unbedingt etwas Bestimmtes tun musste. Zuerst versuchte das Huhn, es noch eine Weile zurückzuhalten, dann konnte es plötzlich nicht mehr anders, rannte in eine Nische, wo ein paar Tische standen, versteckte sich unter einem der Tische und legte ein Ei.

An den Tischen aber fand gerade eine Fernsehdiskussion statt, in der sich verschiedene Männer darüber unterhielten, ob Funk und Fernsehen noch eine Zukunft hätten, und wenn ja, welche. Als der Moderator sah, was passiert war, nahm er das Ei und sagte: »Schaut mal, da hat ein Huhn ein Ei gelegt!« Die Leute konnten das fast nicht glauben. Das Huhn aber dachte: »So eine Gelegenheit kommt nicht wieder!« und hüpfte stolz auf den Tisch, um sich zu zeigen.

Es gab einen großen Auflauf. Sofort waren die Fotografen da und es wollten so viele Menschen das Huhn sehen, dass die Fernsehdiskussion abgebrochen werden musste, und an diesem Tag sprachen die Leute auf der Funkausstellung nicht mehr vom neuen Breitformatfernsehen oder von Bildern, die man auf einer Compact Disc speichern konnte, sondern einzig und allein davon, dass ein Huhn ein Ei gelegt hatte.

»Seht ihr«, sagte das Huhn am nächsten Morgen zu den andern Hühnern, als es die Bilder von sich und seinem Ei in der Zeitung sah, »wenn die Welt nicht in den Hühnerhof kommt, muss eben der Hühnerhof in die Welt.«

Danach pickte es mit dem Schnabel auf das Fernbedienungsgerät, das es geschenkt bekommen hatte, und zur Musik, die jetzt durch den ganzen Hühnerhof dröhnte, tanzten alle Hühner fröhlich gackernd Rock 'n' Roll.

Der Unglücksrabe

An einer gefährlichen Straßenkreuzung stand seit langer Zeit ein Lindenbaum und auf diesem Lindenbaum saß oft ein Rabe und schaute dem Verkehr zu. Wenn er ein Unglück kommen sah, krächzte er laut auf und kurz danach krachte es.

Die Bauern der Umgebung wurden darauf aufmerksam und nannten den Vogel nur den Unglücksraben. Sie lernten aber auf seine Warnungen zu achten; wenn sie selbst auf dieser Straße fuhren und das Krächzen hörten, bremsten sie ab und konnten einen Unfall vermeiden.

Sie waren froh um den Raben und legten ihm im Winter kleine Fleischstücklein hin.

Dann musste der Lindenbaum gefällt werden, denn die Kreuzung wurde vergrößert. Den Verkehr regelte man nun an dieser Stelle mit Lichtsignalen.

Es ging so viel Land verloren, dass in der Gegend nur noch zwei Bauern übrig blieben, ein älterer und ein jüngerer.

Der Unglücksrabe blieb seither verschwunden, obwohl ihm der ältere Bauer im Winter hin und wieder ein paar Fleischstücklein in die Nähe der Kreuzung legte.

»Hör doch auf damit«, sagte der jüngere Bauer, »der Unglücksrabe kommt nicht mehr.«

»Ach«, sagte der ältere Bauer, »wer weiß?«

Einmal fuhr der jüngere Bauer mit hoher Geschwindigkeit auf die Kreuzung zu, als er plötzlich den Unglücksraben laut kreischen hörte und sah, wie er über der Lichtsignalanlage hin und her flatterte.

»Nanu?«, dachte der Bauer, »ich habe doch Grün.«

Trotzdem bremste er ab und kam gerade noch zum Stehen, bevor von der andern Seite ein Lastwagen über die Kreuzung raste, dessen Bremsen versagt hatten.

Zitternd stieg der Bauer aus und sah, wie der Lastwagen erst weit hinten anhielt. Als er sich nach dem Unglücksraben umsah, war dieser nicht mehr da.

Zusammen mit dem älteren Bauern pflanzte er dann neben der Kreuzung einen neuen Lindenbaum.

Das war kürzlich, der Baum ist jetzt noch klein, aber ich glaube, in ein paar Jahren, wenn er einmal groß genug ist, kommt der Unglücksrabe wieder und schaut dem Verkehr zu.

Das Marzipanschwein

In einer Konditorei war um das Jahresende herum ein Marzipanschwein ausgestellt. Einmal sah es durch das Schaufenster, wie auf einem Lastwagen richtige Schweine vorbeifuhren.

»Die werden geschlachtet«, sagte eine Rübentorte, »und dann isst man sie auf.«

Da atmete das Marzipanschwein ganz tief.

»Zum Glück«, dachte es, »blüht mir kein solches Los.«

Und es stellte sich vor, wie es noch lange in diesem Fenster stehen und alles beobachten würde, was auf der Straße vorging, und wie sich vielleicht einmal ein zweites Marzipanschwein zu ihm gesellen würde, und wie sie dann zusammen kleine Marzipanschweinchen haben würden, denen es alles erzählen würde, was es wüsste, und es freute sich ungemein auf ein langes und erfülltes Leben.

Bringst du es jetzt noch fertig, dieses Marzipanschwein zu essen?

Wer ist König?

Vor dem Palast des Löwen erschien einmal ein Elefant.

»Was willst du?«, fragte die Hyäne, die den Palast bewachte.

»Ich will mit dem König kämpfen«, sagte der Elefant und schnaubte gewaltig.

»Moment«, sagte die Hyäne, »ich will es dem König melden.«

Sie ging in den Palast und erzählte dem König, wer draußen stand.

Der Löwe schaute durch das Guckloch hinaus. Der Elefant war groß und böse und ging mit mächtigen Schritten auf und ab.

Da rief der König das Nashorn.

»Ich fühle mich nicht gut«, sagte er zum Nashorn, »kannst du mich heute vertreten?«

»Aber gern«, sagte das Nashorn und der Löwe verschwand schnell durch den Hinterausgang.

Das Nashorn setzte sich die Königskrone auf sein Horn und hockte sich auf den Thron.

»Was gibt es denn heute zu essen?«, fragte es die Hyäne.

»Tja«, hüstelte die Hyäne, »zuerst die Arbeit, dann das Vergnügen. Draußen ist jemand, der will mit dem König kämpfen.«

Das Nashorn schaute durch das Guckloch hinaus. Der Elefant war groß und böse und ging mit mächtigen Schritten auf und ab.

Da erschrak das Nashorn und rief den Gorilla.

»Ich fühle mich nicht gut«, sagte es zum Gorilla, »kannst du mich heute vertreten?«

»Aber gern«, sagte der Gorilla und setzte sich sogleich die Königskrone auf, während das Nashorn schnell durch den Hinterausgang verschwand.

»Was gibt es denn heute zu essen?«, fragte der Gorilla und schleckte sich schon die Finger ab, »vielleicht Bananenjoghurt?«

»Nun«, näselte die Hyäne, »zuerst die Arbeit, dann das Vergnügen. Draußen ist jemand, der will mit dem König kämpfen.«

Der Gorilla schaute durch das Guckloch hinaus. Der Elefant war groß und böse und ging mit mächtigen Schritten auf und ab.

Da erschrak der Gorilla und rief das Krokodil.

»Ich fühle mich nicht gut«, sagte er zum Krokodil, »kannst du mich heute vertreten?«

»Aber gern«, sagte das Krokodil, ließ sich vom Gorilla die Krone aufsetzen und legte sich vor dem Thron der Länge nach hin.

»Wen kann ich denn heute essen?«, fragte es, während der Gorilla schnell durch den Hinterausgang verschwand.

Die Hyäne sagte wieder ihr Sprüchlein von der Arbeit und dann dem Vergnügen, und dass da draußen jemand warte.

Das Krokodil schaute durch das Guckloch hinaus und der Elefant war immer noch groß und böse und ging mit mächtigen Schritten auf und ab.

Das Krokodil erschrak und rief das Dromedar, aber auch das Dromedar erschrak, als es merkte, warum es den König vertreten sollte, und rief das Schwein, und inzwischen hatte es sich unter den Tieren herumgesprochen, dass, wer den Königsthron besteige, schon so gut wie tot sei, und das Schwein watschelte schon ganz verzweifelt am Hinterausgang hin und her, weil weit und breit kein Tier mehr zu sehen war, das es rufen konnte. Auf einmal kroch die Maus aus einem Loch und stand neben dem Schwein.

»Ach«, jammerte dieses, »ich fühle mich nicht gut –«

»Ich weiß, ich weiß«, sagte die Maus, »alle fühlen sich so schlecht heute, das muss am Wetter liegen.«

»Könntest du mich also heute vertreten?«, fragte das Schwein mit bebender Stimme.

»Aber gern«, sagte die Maus. Während das Schwein so schnell es konnte durch den Hinterausgang verschwand, bat die Maus die Hyäne, die Krone auf den Königsthron zu setzen, kletterte flink hinauf und setzte sich auf den Zacken mit dem großen Rubin.

»Also«, sagte sie zur Hyäne, »lass den Gast hereinkommen.«

Aber die Hyäne war nun auch geflüchtet, denn der Elefant ging mit immer mächtigeren Schritten draußen auf und ab und schnaubte, dass die Mauern zitterten.

»Herein!«, krähte die Maus.

Groß und böse kam der Elefant herein, trompetete kräftig im Königssaal herum und rief: »Ich will mit dem König kämpfen!«

»Nur zu!«, piepste die Maus vom rubinroten Zacken der Krone herunter, »*ich* bin der König!«

Da wurde der Elefant noch wütender und stampfte so fest auf den Boden, dass der ganze Palast zusammenkrachte und den Elefanten unter sich begrub. Die Maus aber war schnell unter den schweren Thron geschlüpft und war mit dem Leben davongekommen.

Sofort kamen alle Tiere wieder zurück, umringten die Maus und gratulierten ihr zum Sieg in diesem ungleichen Kampf.

Der Löwe erhob salbungsvoll seine Pranke und sagte: »Ich als der König der Tiere möchte dir meinen besonderen Dank – «

»Halt!«, rief da die Maus. »*Ich* bin der König der Tiere! Und wer das nicht glaubt, dem wird es genauso gehen, wie es dem Elefanten ergangen ist.«

Da schluckten alle Tiere einmal leer, aber als sie auf die staubenden Trümmer des Palastes blickten, getrauten sie sich nicht zu widersprechen, und fortan blieb die Maus die Königin der Tiere und regierte geschickt und schlau und fröhlich bis an ihr Ende.

Nach ihrem Tod allerdings übernahm der Löwe wieder die Regierung.

Der unternehmungslustige Prinz

»Heute will ich einmal in den Zoologischen Garten«, dachte der Prinz, als er sein Schloss verließ und zur Bushaltestelle hinunterging.

Dort standen zwei alte Frauen mit hohen Hüten, die ihn misstrauisch musterten.

»Es ist schon allerhand, wie sich die Jungen heutzutage anziehen«, sagte die eine zur andern, indem sie mit ihrem dicken Kinn auf das grüne Samtwams des Prinzen wies.

Da wurde der Prinz so wütend, dass er sein Schwert zog und beiden die Köpfe abschlug. Als der Bus hielt, lud der Prinz die zwei Frauen ein, setzte sie auf den hintersten Sitz und legte ihnen ihre Köpfe in den Schoß. Dann verlangte er dreimal Zoologischer Garten. Der Buschauffeur sagte ihm, er müsse das Billett am Automaten lösen, und fuhr ohne ihn weiter.

Der Prinz warf 2.50 ein, aber nichts passierte. Da er reich war, schlug er nicht auf den Automaten ein, wie das andere Leute in diesem Fall tun, sondern warf nochmals 2.50 ein. Als auch jetzt nichts geschah, dachte er, ich habe ja Zeit *und* Geld, und warf nochmals 2.50 ein.

In diesem Augenblick verwandelte sich der Billettautomat in eine wunderschöne Prinzessin, die ihn sogleich umarmte.

»Sieben Jahre war ich in einen Billettautomaten verzaubert und jetzt hast du mich erlöst«, sagte sie, »willst du mich heiraten?«

»Ja«, sagte der Prinz, »ja, auf alle Fälle. Kommst du vorher noch in den Zoologischen Garten?«

Da die Prinzessin so lange am selben Ort gestanden hatte, war sie einverstanden und zusammen stiegen sie in den nächsten Bus.

Zwei Stationen später stieg der Kontrolleur ein und wollte die Fahrkarten sehen.

»Ich habe dreimal 2.50 eingeworfen«, sagte der Prinz, »aber es ist nichts herausgekommen.«

»Das kann jeder sagen«, entgegnete der Kontrolleur.

»Ich kann es bezeugen«, sagte die Prinzessin, »ich war nämlich zu der Zeit noch der Billettautomat.«

»Und da wurden Sie wohl erlöst, wie?«, witzelte der Kontrolleur und schrieb eine Buße für fünfzig Franken.

In dem Moment wurde über Sprechfunk die Geschichte von den beiden geköpften Frauen durchgegeben und sowohl der Kontrolleur als auch der Buschauffeur ergriffen sofort die Flucht.

Da setzte sich der Prinz selbst ans Steuer, fragte alle Leute im Bus, wo sie hinwollten, und fuhr sie bis vor die Haustüre. Als er dann die Richtung zum Zoologischen Garten einschlug, sah er vor sich eine Straßensperre der Polizei.

»Wenn sie mich erwischen, bekomme ich lebenslänglich«, sagte der Prinz zur Prinzessin.

»Dann lieber nochmals sieben Jahre«, sagte die Prinzessin und flüsterte ihm etwas ins Ohr.

Als die Polizei den Bus stürmte, war er leer. Dafür stand er direkt neben zwei Billettautomaten, der eine für normale

Billette, der andere für Abonnemente, und hier ist meine Geschichte zu Ende.

Ach, was mit den beiden Frauen noch war? Nichts weiter. Die waren tot und wurden nicht wieder lebendig.

Manchmal genügt eben eine blöde Bemerkung und man ist erledigt.

Die Himmelsmacht

Ein Hochdruckgebiet verliebte sich einmal in ein Tiefdruckgebiet. Das Hochdruckgebiet hieß Eugen und lag über den Azoren, das Tiefdruckgebiet hieß Johanna und lag über dem Golf von Biskaya.

Das Hochdruckgebiet Eugen sah von weitem die wunderbar weichen Wolkenformen des Tiefdruckgebiets Johanna und ließ ihm durch eine Möwe die Nachricht überbringen, er oder es liebe sie oder es und möchte sich mit ihm oder ihr vermählen. Das Tiefdruckgebiet schickte die Möwe mit der Antwort zurück, das schicke sich nicht, und Eugen solle sich mit seinesgleichen vergnügen. Heimlich freute sich Johanna zwar über den ungewöhnlichen Antrag, doch vorsichtshalber entfernte sie sich gegen die Schweizer Alpen.

Eugen aber wurde, als er die Botschaft erhielt, von einem Gefühl durchdrungen, wie er es noch nie gekannt hatte. Verzweiflung wechselte mit hitzigstem Verlangen, er spürte einen Druck, der ihn, ob er es wollte oder nicht, mit allerhöchster Geschwindigkeit nach Osten trieb, dem Tiefdruckgebiet Johanna hinterher, das mit aufreizender Langsamkeit in Richtung Alpen tänzelte.

Über dem Berner Oberland schließlich hatte Eugen Johanna eingeholt und gestand ihr mit sonniger Miene seine Liebe, worüber Johanna von Schauern geschüttelt wurde und ihm dann doch ihr Jawort gab.

Den Tag, als das Hochdruckgebiet Eugen das Tiefdruckgebiet Johanna umarmte, wird man im Berner Oberland nicht so schnell vergessen. Gewitter wechselten sich in Minutenschnelle mit strahlendstem Sonnenschein ab, die Bauern flüchteten mit ihren Heuwendern in die Scheunen, um sie gleich danach wieder hervorzuholen, es war ein Donnern und Blitzen in der Luft, Wolkenvorhänge wurden schlagartig aufgerissen und bei stahlblauem Himmel fegten Sturmböen über die Alpenkämme ins Tal hinunter, die eine Gluthitze über die Felder streuten, welche gleich danach von Hagelkörnern abgekühlt wurden, die die abgemähten Wiesen zum Dampfen brachten.

Die ganze Nacht ging es so weiter und vielen Menschen war es unheimlich, weil etwas wie ein Jauchzen und Jubeln und Ächzen und Stöhnen über die Berghänge herunterklang, und sie erzählten sich die Geschichten von der glühenden Magd und von der wilden Jagd. Am Morgen aber war alles ruhig und die Druckverteilung blieb tagelang flach.

Vom Hochdruckgebiet Eugen und vom Tiefdruckgebiet Johanna hat man nie wieder etwas gehört. Es scheint, dass sie diese Nacht nicht überlebt haben, denn zwei wie sie gehören nun einmal nicht zusammen. Trotzdem denke ich mir, für die beiden habe es sich gelohnt und es sei ein ungleich schöneres Ende, als sich irgendwo über dem Ural sang- und klanglos aufzulösen.

Das Zwerglein und die Autobahn

Ein Zwerglein lebte friedlich an einem Waldrand unter einer großen Tannenwurzel, sammelte Haselnüsse, Beeren und Eicheln, kochte sich feine Kräutersüppchen und half manchmal über Nacht den Bauern beim Kirschenpflücken.

Eines Morgens fuhr es erschrocken von seinem Heulager auf, denn seine Töpflein und Tässchen zitterten, und draußen war ein Dröhnen und Krachen, als ginge die Welt unter.

Als es unter seiner Tannenwurzel hervorguckte, sah es Bagger, Lastwagen, Dampfwalzen und Raupenfahrzeuge, die damit begannen, direkt vor seiner Haustüre eine Autobahn zu bauen.

Da nahm das Zwerglein seine ganze geistige Kraft zusammen und stieß eine grässliche Verwünschung über den Bautrupp aus.

Aber das Einzige, was passierte, war, dass eine Baggerschaufel abbrach, und sofort wurde eine neue montiert, die mit demselben Tempo Wiesenstücke auf einen Lastwagen lud.

Als das Zwerglein sah, dass es keine Chance hatte, packte es seinen Haushalt in ein Rucksäcklein, sagte der Tannenwurzel ade, verschwand im Wald und ward nicht mehr gesehen.

Die Riesen im Parkhaus

Drei Riesen gingen einmal in ein Parkhaus.
»Ich gehe ins Parterre«, sagte der Erste.
»Ich in den ersten Stock«, sagte der Zweite.
»Ich in den zweiten«, sagte der Dritte.
Dann nahm jeder eine schwere Eisenstange, ging
in seinen Stock und zertrümmerte alle Autos,
die dort abgestellt waren.
Nachher trafen sie sich am Ausgang,
gingen zusammen fort und
kamen nie wieder.

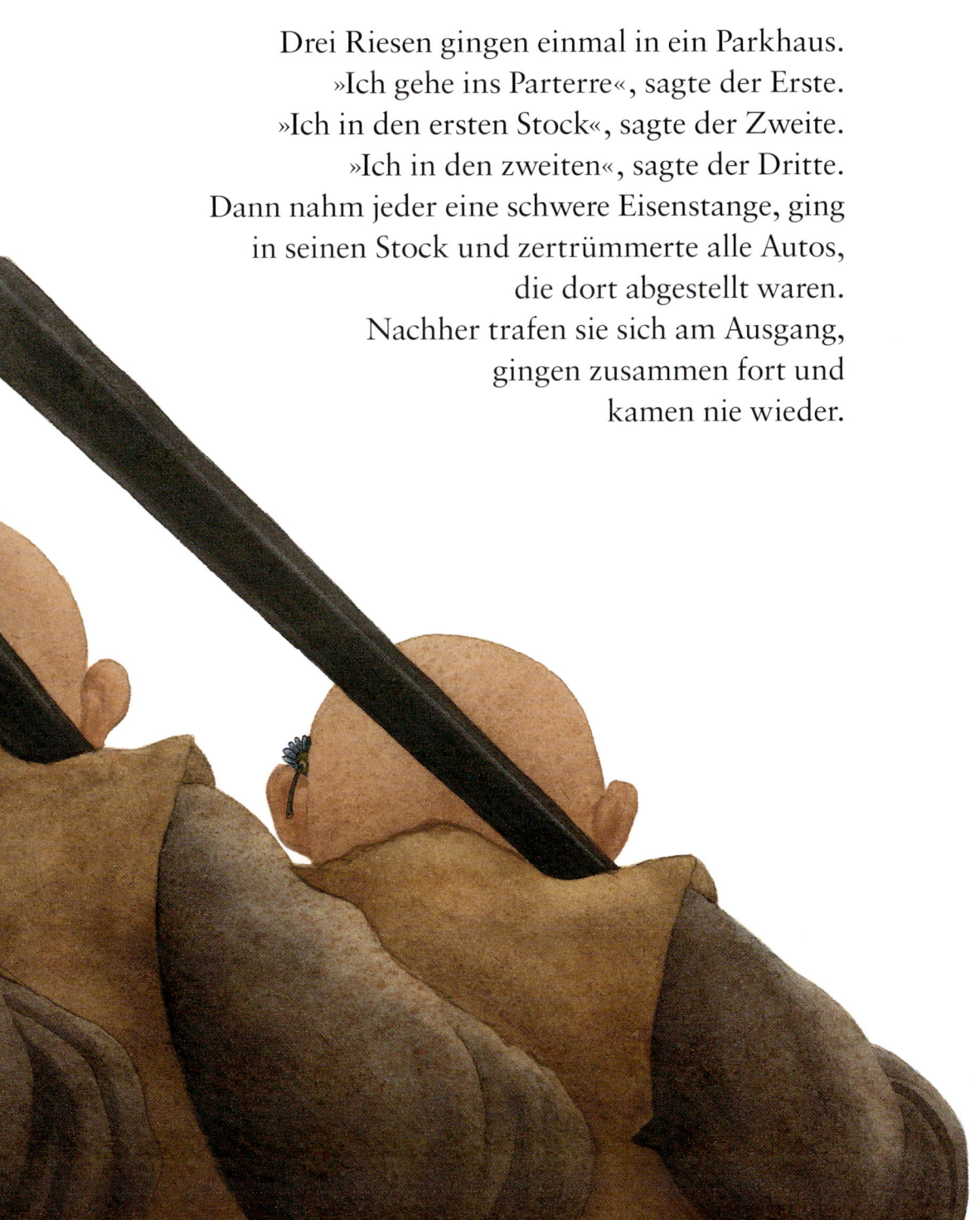

Die zwölfte Pille

Seit Wochen war die Prinzessin krank.

Sie lag mit hohem Fieber im Bett und weder Aspirin noch Essigsocken nützten etwas. Die Ärzte kratzten sich in den Haaren, der König und die Königin gingen seufzend durchs Schloss.

Da kam eine gute Fee und brachte der Prinzessin ein Schächtelchen mit zwölf Pillen.

»Wenn du jeden Tag eine davon nimmst, bist du in elf Tagen wieder gesund«, sagte die Fee. »Hüte dich aber, die zwölfte Pille zu schlucken, es würde dir Unglück bringen.«

Die Prinzessin nahm jeden Tag eine Pille und jeden Tag ging das Fieber etwas zurück. Nach zehn Tagen hatte sie nur noch 37,1 und nach der elften Pille war die Prinzessin wieder gesund.

Als sie am nächsten Tag das Schächtelchen wegwerfen wollte, klapperte die letzte Pille so fröhlich darin herum, dass die Prinzessin plötzlich eine unerklärliche Lust verspürte, diese auch noch einzunehmen.

»Ach was«, dachte sie, »die Fee ist ja schon lang nicht mehr da«, und hoppla schluckte sie die zwölfte Pille hinunter.

Da verdunkelte sich der Himmel über dem Schloss, im ganzen Königreich stürzten die Kirchenglocken von den Türmen, die Schafe fielen tot um und die U-Bahnen sprangen aus ihren Geleisen. Dann sank das ganze Land in einen tiefen Schlaf, der elf Jahre dauerte.

Im zwölften Jahr kam ein Prinz aus dem Nachbarland, der die Verkehrsprobleme des Königreichs studieren wollte. Er schlug sich mit dem Schwert einen Zugang durch die Dornen zur U-Bahn-Station, küsste einen umgestürzten Wagen und sogleich sprangen die Züge wieder in die Schienen, die Schafe standen auf und weideten weiter, die Glocken flogen wieder in die Kirchtürme und begannen zu läuten und die Prinzessin rieb sich erstaunt die Augen und fragte: »Ist es schon Morgen?«

Leider war der Prinz schon verheiratet und es kam nicht zur erwarteten Hochzeit. Die Prinzessin aber machte ein Studium als Apothekerin und übernahm später die Schloss-Apotheke. Sie war begeistert von ihrem Beruf und genoss das Vertrauen der Kundschaft und der Krankenkassen. Das Einzige, was ihr etwas Mühe bereitete, war das Entfernen der letzten Pille aus den Zwölferpackungen. Aber das machte sie immer selbst, unter allen Umständen.

Ein ungleicher Kampf

Ein Fußpilz hatte sich gerade gemütlich auf einem Fuß ein-
gerichtet, als er von einem Spray bespritzt wurde.

»Was soll das?«, rief der Fußpilz erschrocken.

»Verschwinde!«, zischte der Spray, »du hast auf diesem Fuß
nichts zu suchen!«, und sprühte ihn
gleich nochmals ein.

»Das ist eine Gemeinheit!«, rief
der Fußpilz hustend, »hier habe
ich mein täglich Brot!«

»Schmarotzer!«, pfiff der
Spray höhnisch, »sich an
fremden Füßen voll fressen,
ohne eigene Leistung,
das könnte dir so passen.
Hau ab oder ich komme
morgen wieder!«, und er
stieß zum dritten Mal eine
Wolke aus.

»Mörder!«, ächzte der
Fußpilz, der nun völlig ein-
genebelt war, »habe ich
denn kein Recht auf Leben?«

»Nein, du nicht!«, gab der
Spray zurück, »wenn du
morgen noch da bist, bist du tot!«

»Warte nur«, keuchte der Fußpilz, »du wirst auch bald verboten mit deinem Treibgas!«

»Aber erst in zwei Jahren«, lachte der Spray, »bis dann mache ich noch manchem von deiner Sorte den Garaus!«

»Gerechtigkeit!«, röchelte der Fußpilz, der schon spürte, wie es ihm die Poren zusammenzog, »Gerechtigkeit ... und zwar jetzt! «

Aber da war nichts zu machen. Bis in zwei Jahren war es noch weit und so musste er sein Leben lassen – aber ehrlich, habt *ihr* gern einen Fußpilz zwischen euren Zehen?

Wie die Rinde Recht bekam

An einem alten wilden Kirschbaum hing schon lange ein Stück Baumrinde herunter und baumelte hin und her, wenn der Wind ging.

»So«, sagte der Stamm, als die Rinde nur noch an einem ganz dünnen Streifen hing, »morgen fällst du hinunter.«

»Ich bleibe länger oben als du«, sagte die Rinde.

»Haha!«, lachte der Stamm, »das glaubst du ja selber nicht!«

»Was wollen wir wetten?«, fragte die Rinde.

»Ein Bier«, sagte der Stamm.

»Abgemacht«, sagte die Rinde.

Am andern Tag kamen die Holzfäller und sägten den alten wilden Kirschbaum um. Als er zu Boden stürzte, streifte er die Äste einer Birke, und das Stück Rinde blieb daran hängen.

»Na«, rief die Rinde von oben, »wer hat jetzt Recht behalten?«

Die Gäste des Restaurants »Zur Säge« staunten nicht schlecht, als am nächsten Tag ein Baumstamm die Gaststube betrat, zwei Bier verlangte, bezahlte und damit davonging.

»Das habe ich noch nie gesehen«, sagte ein Mann, der einen Kaffee trank, zum Wirt.

»Ich auch nicht«, meinte der, »sonst trinken sie ihr Bier immer hier. Am Stammtisch.«

Der Baumstamm aber, als er wieder im Wald war, prostete

der Rinde fröhlich zu und trank dann beide Biergläser alleine aus, denn so sehr die Rinde auch zappelte, sie blieb in ihrer Birke oben hängen.

So hat sie nie erfahren, wie ein Bier schmeckt, aber Recht gehabt hat sie, das muss man ihr lassen.

Wie viel Bäume braucht der Mensch?

Eigenartig erging es dem schottischen Tangsammler Mac-Cracken aus Thurso. Er hatte sein Leben lang nichts anderes gemacht als am Meeresstrand Seetang gesammelt, den er einer Schweinemästerei verkaufte, und sein Leben lang war er nicht aus seinem Dorf an der Nordküste Schottlands herausgekommen.

Und nun gewann er plötzlich eine Weltreise. Einen Wettbewerb hatte er mitgemacht, irgendeinen Rasierklingenwettbewerb, bei dem er einen neuen Pinsel zu gewinnen hoffte. Aber der erste Preis war eine Weltreise und MacCracken war der Gewinner. Ein Rasierpinsel wäre ihm zwar lieber gewesen, aber was tuts, er zog seinen besten Schottenrock an und machte sich eben auf die Reise. Der Dorfbäcker spielte zum Abschied ein Stück auf dem Dudelsack, MacCracken drückte verschiedene Hände, lachte ein bisschen und stieg dann in das Postschiff, das ihn abholte.

Zunächst langweilte er sich ziemlich, weil er nichts sah als das Meer, und das kannte er ja schon. Dann ärgerte er sich einige Male, als er riesige Tangbüschel vorbeitreiben sah und sie nicht einsammeln konnte. Später schlief er dann, bis man ihn gegen Mitternacht weckte, weil das Schiff in Edinburgh angekommen war. Flugs fuhr man ihn dort zum Flughafen, wo er das Nachtflugzeug nach Zürich besteigen musste. Diese Fliegerei, von der er schon viel gehört hatte, ließ ihn auch recht gleichgültig. Die paar Lichtlein, die weit unten zu sehen waren, fand er nicht der Rede wert. Er war jedenfalls froh, als er in nächtlicher Morgenfrühe in Zürich landete und ins Hotel gebracht wurde. Dort frühstückte er ausgiebig und freute sich zum ersten Mal, weil er noch nie so gut gegessen hatte, man denke sich, Speck und Spiegeleier schon am Morgen! Der Kellner sagte auf Englisch, das sei eben englisch, aber MacCracken war ja Schotte. Dann ging er in sein Zimmer, setzte sich auf den Bettrand und federte etwas auf und ab. Danach stand er auf und ging ans Fenster.

Und da geschah es.

Zum ersten Mal in seinem Leben sah MacCracken einen Baum. Sofort wusste er, dass jenes schlanke Gewächs mit dem schwarzweiß gemusterten Stamm ein Baum sein musste. Die Blätter schimmerten matt und wurden vom weichen Wind ganz leicht bewegt – für den Sohn der baumlosen Küstengegend ein paradiesischer Anblick.

Den ganzen Vormittag lang staunte MacCracken auf die Birke im kleinen Hintergarten des Hotels hinunter. Am Nachmittag legte er sich schlafen und am Abend war sein Entschluss gefasst. Zwei Stunden nach dem Eindunkeln ging er in den Garten und grub den Baum aus. Er schulterte ihn und ging dann mit langen Schritten davon, nach Schottland.

Es war zwar nicht so einfach, sich immer zurechtzufinden, und MacCracken machte allerhand Erfahrungen. Schon bald fiel ihm ein gewisser verwunderter Gesichtszug der Leute auf, denen er begegnete, offenbar eine Besonderheit der Ausländer. Die Verwunderung konnte sogar in Unfreundlichkeit umschlagen, etwa wenn er zur Mittagszeit eine

Tram bestieg, mit seinem Baum. Zweimal am Tag tunkte Mac-Cracken den Wurzelstock in einen Brunnen oder hielt ihn in einen Fluss, wodurch der Baum immer schön frisch blieb, ja sogar noch weiterwuchs. Nachts schmiegte er sich an seinen Stamm und deckte sich mit einigen Zweigen zu. Die Richtung war leicht zu finden, er fragte einfach immer nach Schottland.

Eines dünkte ihn seltsam auf seiner Reise: die Bäume. Er hatte nicht gedacht, dass es so viel davon gebe, und war der Meinung gewesen, seiner sei besonders selten, wenn nicht einmalig. Schon auf dem Weg nach Schlieren hatte es ihn befremdet, weitere Bäume anzutreffen. Die Jurawälder hatten ihn fast etwas missmutig gestimmt und im Birkenhain von Moorschwampf im Elsass war er erstmals richtig enttäuscht. Dann aber dachte er an die öden Grassteppen von Thurso und buckelte den Baum mit neuer Kraft nach Norden.

Den Ärmelkanal überquerte er im Boot eines französischen Tangsammlers, musste aber, da dieser in England nicht landen durfte, die letzten drei Kilometer schwimmen, den Baum zwischen den Zähnen.

Von da an fühlte er sich immer mehr zu Hause und freute sich richtig auf seine Heimkehr. Sein Glaube, eine Seltenheit nach Hause zu bringen, war zwar nach weiteren drei Wochen endgültig verwelkt, aber darauf kam es ihm gar nicht mehr so sehr an.

Elf Kilometer südlich von Thurso sichtete MacCracken den letzten Baum auf seinem Weg, eine Birke, und marschierte gelassen an ihr vorbei. Es war Nacht, als er zu Hause ankam, und das Erste, was er tat, war, dass er seinen Baum im Schein eines Windlichts an der geborgensten Seite seines Hauses einpflanzte. Am nächsten Morgen ging er wieder ans Meer hinunter und sammelte seinen Tang. Allen, die ihn über seine Weltreise befragten, sagte er nur: »It was very fine«, und kein Wort mehr. Es sei, heißt das, sehr schön gewesen.

So war das also. Die Leute in Thurso wissen nunmehr, dass es sowohl in Stockholm als auch in Nairobi und Hongkong very fine ist, und an der Hinterwand von MacCrackens Häuschen wächst eine Birke gesund und windgeschützt in die Höhe, die nördlichste Birke von ganz Schottland.

Das ist einer der wenigen Fälle, die ich kenne, in denen Unrecht Gut gedeiht.

Vom Stein, der sich kratzen wollte

Hoch über einem Bergdorf lag an einem Abhang ein großer Stein. Je länger er dort lag, desto mehr wurde er von Moos und Flechten überzogen, und je mehr er von Moos und Flechten überzogen wurde, desto stärker begann es ihn zu jucken. Besonders schlimm wurde es, wenn ihm der Wind auch noch dürre Tannennadeln auf seinen breiten Rücken wehte. Er war richtig froh, wenn sich einmal eine Amsel auf ihn setzte und mit dem Schnabel in seinem Moos herumzupicken begann, dann brummte er leise vor Erleichterung.

Aber auf die Dauer war ihm das zu wenig und eines Tages, als ihm auch noch ein kleiner Tannenzapfen in die Flechten gefallen war und ihn mit seinen Schuppen ganz leicht berührte, juckte es ihn so unerträglich, dass er alle seine Kraft zusammennahm, sich auf den Rücken kehrte und sich mit wohligem Stöhnen auf dem Boden wälzte. Dabei verlor er das Gleichgewicht, kollerte den Abhang hinunter und fiel ausgerechnet auf das Dorfschulhaus. Mit lautem Krachen durchschlug er das Dach und fiel genau auf den Hellraumprojektor, mit dem die Lehrerin gerade die Eiszeiten erklärte.

Zum Glück wurde niemand verletzt, obwohl der Projektor in tausend Stücke zersplitterte. Der Stein wurde nachher von den Männern des Dorfes auf den Pausenplatz getragen, und weil sich in jeder Pause ein Schulkind auf ihn setzt, juckt es ihn seither nicht mehr, sondern er liegt zufrieden da und freut sich fast so sehr auf die Pausen wie die Kinder.

Das Zauberschächtelchen

Da ging also, vor langer Zeit, ein junger Mann auf die Jagd, denn seine Mutter und seine beiden Schwestern hatten nichts mehr zu essen, und er auch nicht.

Als er mit seinem Pfeilbogen stundenlang durch die Wälder gestreift war, ohne dass ihm ein Tier begegnete, kam er zu einem großen Moor. In der Mitte dieses Moores sah er einen Menschen, der auf und ab sprang, auf irgendetwas einschlug dazu, und er hörte seltsame Schreie. Vorsichtig ging er näher und sah, dass der Mensch mit einem Knüppel eine Moorkatze zu erschlagen versuchte.

»Hilf mir«, rief der Mensch dem Jäger zu, »dieses gemeine Vieh hat mich gebissen!«

»Nein, hilf *mir*«, rief die Moorkatze, »dieser Mensch will mich töten!«

Das war eine schwierige Lage für den jungen Mann, denn schließlich kannte er die beiden nicht. Als Jäger hätte er eigentlich dem Menschen helfen müssen, aber da er noch nie ein Tier sprechen gehört hatte, dachte er, das müsse eine ganz besondere Katze sein, und er entschied sich, ihr zu helfen.

»Hau ab!«, rief er dem Menschen mit dem Knüppel zu, »oder ich erschieße dich.« Und er richtete seinen Pfeilbogen so genau auf ihn, dass der Knüppelmensch sofort von der Moorkatze abließ und sich brummend davonmachte und in den Wäldern verschwand.

Die Moorkatze bedankte sich aufs Artigste beim jungen Jäger und bat ihn, mit in ihre Höhle zu kommen. Dort kochte sie ihm zuerst eine wunderbare Moorkräutersuppe, damit er seinen Hunger stillen konnte, und da es inzwischen Abend geworden war, lud sie ihn auch ein, in ihrer Höhle zu übernachten. Am anderen Morgen schenkte sie ihm zum Abschied ein kleines Schächtelchen mit einem goldenen Knopf und sagte ihm, wenn er dieses Schächtelchen öffne, werde ihm ein Wunsch erfüllt.

Der junge Jäger dankte der Moorkatze und machte sich auf den Heimweg. Nachdem er eine Weile durch den Wald gegangen war, ohne irgendein Tier anzutreffen, nahm er das Zauberschächtelchen aus der Tasche und öffnete den Deckel mit dem goldenen Knopf.

Sofort fragte ein dünnes Stimmchen: »Was willst du?«

»Schick mir doch bitte einen Hirsch«, sagte der junge Jäger.

»Ooooh«, hauchte das dünne Stimmchen, »das ist zu schwer für mich, da musst du eine größere Schachtel fragen.«

»Aha«, sagte der junge Jäger etwas erstaunt und steckte das Schächtelchen wieder ein. Dann ging er weiter, und nach einer Weile gelang es ihm wenigstens, ein Eichhörnchen zu schießen. Als er an die Stunden dachte, die er noch brauchte, um nach Hause zu kommen, wurde er plötzlich müde und nahm nochmals sein Zauberschächtelchen hervor.

Er öffnete den Deckel mit dem goldenen Knopf und sogleich fragte ihn das dünne Stimmchen: »Was willst du?«

»Ich möchte jetzt gleich zu Hause sein«, sagte der junge Jäger.

»Ooooh«, antwortete das dünne Stimmchen, »das ist zu schwer für mich, da musst du eine größere Schachtel fragen.«

»Ich habe keine größere Schachtel«, sagte der junge Mann leicht verärgert, »kannst du mich nicht wenigstens den halben Weg hinbringen?«

»Ooooh«, hauchte das dünne Stimmchen, »es tut mir Leid, aber du bist zu schwer für mich. Ich kann dich keinen Schritt weit tragen.«

Seufzend machte der junge Mann den Deckel mit dem goldenen Knopf wieder zu und legte eben den ganzen Heimweg zu Fuß zurück.

Seine Mutter und seine Schwestern erwarteten ihn voll Ungeduld und waren sehr enttäuscht, als er nur ein Eichhörnchen mitbrachte. »Gerade sind uns die Kartoffeln ausgegangen«, klagte die Mutter, »jetzt gibt es halt nichts als ein bisschen Eichhörnchenfleisch.«

Da ging der junge Jäger hinters Haus und öffnete sein Schächtelchen und schon meldete sich das dünne Stimmchen und fragte: »Was willst du?«

»Ich hätte gern ein paar Kartoffeln«, sagte der Jäger, »das sollte doch zu machen sein.«

»Ooooh«, antwortete das dünne Stimmchen, »das ist zu schwer für mich, da musst du –«

Aber der Jäger hatte den Deckel schon zugeklappt. Schlecht gelaunt ging er ins Haus und setzte sich an den Tisch. Das Eichhörnchenkotelett und den Eichhörnchenschenkel hatte er im Schwupp verspeist, dann stand er auf, verabschiedete sich und versprach, erst wiederzukommen, wenn er etwas Anständiges zu beißen mitbringen würde.

Wieder ging er Stunden und Stunden, bis er gegen Abend aus einer großen Waldlichtung ein Stimmengewirr und Waldhornklänge hörte. Zugleich stiegen Düfte von gebratenem Fleisch in seine Nase.

Als er näher ging, sah er, dass sich eine königliche Jagdgesellschaft um ein großes Feuer lagerte, auf welchem ein Hirsch gebraten wurde. Soeben schnitt der Koch das erste Stück ab und legte es dem König auf einen silbernen Teller. Der König kostete davon und fragte den Koch: »Wo ist das Salz?«

Erschrocken suchte der Koch seine ganze tragbare Küche durch, aber er konnte suchen, so viel er wollte, er hatte das Salz vergessen. Dabei wusste er genau, wie sehr der König ungesalzenes Fleisch hasste. »Majestät«, hüstelte er verlegen, »es tut mir Leid, aber das Salz muss unterwegs aus dem Gepäck gefallen sein.«

»Nein!«, schrie der König, »das ist ja nicht auszuhalten! Hat niemand etwas Salz dabei?«

Alle suchten hastig in ihren Taschen, aber wer hat schon Salz in seiner Tasche, einfach so?

»Salz! Salz! Mein Königreich für etwas Salz!«, rief der König laut.

Da nahm der Jäger, der am Rande der Lichtung stand, sein Schächtelchen hervor, öffnete den Deckel mit dem goldenen Knopf und sogleich fragte das dünne Stimmchen: »Was willst du?«

»Etwas Salz«, sagte der Jäger, »nur etwas Salz. Kannst du wenigstens so viel?«

»Aaaah!«, jubelte das dünne Stimmchen, »endlich etwas, das ich kann!«, und sofort war das ganze Schächtelchen mit reinem, weißem Salz gefüllt.

Nun trat der Jäger vor und bot dem König und der ganzen Gesellschaft sein Salz an und alle waren begeistert und sagten übereinstimmend, so gutes Salz hätten sie noch nie gehabt. Den Jäger luden sie ein, mit ihnen den gebratenen Hirsch zu essen.

Als sie fertig gespeist hatten, fragte der junge Jäger, wie denn das nun sei mit dem Königreich.

»Gibs ihm, Papi!«, bettelte die Prinzessin, die sich schon in den schlanken Burschen verliebt hatte, und da der König alt und des Regierens überdrüssig war, übergab er noch am selben Abend sein Königreich dem neuen Schwiegersohn, um sich fortan ganz der Jagd zu widmen.

Der Jäger heiratete bald darauf die Prinzessin, sie wurden ein glückliches Paar und der neue König versuchte noch einige Male in schwierigen Lagen, von seinem Zauberschächtelchen eine Hilfe zu bekommen, aber was immer er verlangte, das dünne Stimmchen hauchte: »Ooooh, das ist zu schwer für mich.«

Trotzdem bekam es einen Ehrenplatz im Kronschatz, denn einmal ein Königreich ist schließlich genug für so ein Schächtelchen, oder?

Die Schöpfung

Am Anfang war nichts außer Gott.

Eines Tages bekam er eine Gemüsekiste voller Erbsen.

Er fragte sich, woher sie kommen könnte, denn er kannte niemanden außer sich.

Er traute der Sache nicht ganz und ließ die Kiste einfach stehen oder eher schweben.

Nach sieben Tagen zerplatzten die Hülsen und die Erbsenkugeln schossen mit großer Gewalt ins Nichts hinaus.

Oft blieben dieselben Erbsen, die in einer Hülse gewesen waren, zusammen und umkreisten sich gegenseitig.

Sie begannen zu wachsen und zu leuchten und so wurde aus dem Nichts das Weltall.

Gott wunderte sich sehr darüber. Auf einer der Erbsen entwickelten sich später alle möglichen Lebewesen, darunter auch Menschen, die ihn kannten. Sie schrieben ihm die Erschaffung des Weltalls zu und verehrten ihn dafür.

Gott wehrte sich nicht dagegen, aber er grübelt bis heute darüber nach, wer zum Teufel ihm die Kiste mit den Erbsen geschickt haben könnte.

Eine zweite

Die Welt könnte allerdings auch anders entstanden sein, nämlich so:

Am Anfang war alles dunkel.

Wie lange das dauerte, ist schwer zu sagen, da es noch keine Zeit gab.

Irgendeinmal aber trat eine Dämmerung ein und eine mächtige Türe war zu sehen.

Wie lange stand diese Türe da? Tausende, Hunderttausende, Millionen von Jahren? Es war niemand da, um auf den Kalender zu schauen.

Dann aber ging ein Knarren durch die Leere, die Türe öffnete sich langsam und ein großer schwarzer Vogel streckte seinen Kopf heraus. Er sperrte seinen Schnabel auf und krächzte laut, da wurde es ringsum hell und hinter der Türe regte sich Leben – Sterne, Wolken, Tiere, Pflanzen, später auch Menschen.

Der große schwarze Vogel flog davon und ließ die Türe offen.

Niemand weiß, wann er zurückkommt, um sie zu schließen.

Und noch eine

Am Anfang war nichts, außer zwei Bergdohlen, die in der Finsternis herumflatterten.

Sie liebten einander sehr und wollten sich ein Geschenk machen.

Aber was sollten sie sich schenken, da es doch nichts gab?

Sie beschlossen, sich zu trennen und erst wiederzukommen, wenn sie ein Geschenk füreinander hatten.

Weit weg waren sie gewesen, als sie wieder zurückkamen.

Die eine Bergdohle hatte ein Kieselsteinchen im Mund und die andere einen Lichtstrahl und das schenkten sie nun einander.

Kaum traf der Lichtstrahl auf den Kieselstein, begann dieser zu leuchten und wurde so groß, dass sich die beiden Dohlen darauf setzen konnten.

Bisher waren sie immer nur geflogen, es war das erste Mal, dass sie sich irgendwohin setzten. Nun merkten sie erst, wie müde sie waren von all dem Herumfliegen im Nichts.

Sie sagten einander noch einmal, wie sehr sie sich liebten, dann starben sie.

Der Kieselstein aber wuchs und wuchs und wurde der erste Stern und aus ihm entstanden später alle anderen Sterne.

So war das. Vielleicht.

Vielleicht war es aber auch so, wie es in der Bibel steht, oder ganz anders. Oder was denkt ihr?

Weihnachten – wie es wirklich war

War es so?

Maria kam gelaufen
Josef kam geritten
Das Jesuskindlein war glücklich
Der Ochse erglänzte
Der Esel jubelte
Der Stern schnaufte
Die himmlischen Heerscharen lagen in der Krippe
Die Hirten wackelten mit den Ohren
Die Heiligen Drei Könige beteten
Alle standen daneben

Oder so?

Maria lag in der Krippe
Josef erglänzte
Das Jesuskindlein kam gelaufen
Der Ochse war glücklich
Der Esel stand daneben
Der Stern jubelte
Die himmlischen Heerscharen kamen geritten
Die Hirten schnauften
Die Heiligen Drei Könige wackelten mit den Ohren
Alle beteten

Oder so?

Maria schnaufte
Josef betete
Das Jesuskindlein stand daneben
Der Ochse kam gelaufen
Der Esel kam geritten
Der Stern lag in der Krippe
Die himmlischen Heerscharen wackelten mit den Ohren
Die Hirten erglänzten
Die Heiligen Drei Könige waren glücklich
Alle jubelten

Oder so?

Maria jubelte
Josef war glücklich
Das Jesuskindlein wackelte mit den Ohren
Der Ochse lag in der Krippe
Der Esel erglänzte
Der Stern betete
Die himmlischen Heerscharen standen daneben
Die Hirten kamen geritten
Die Heiligen Drei Könige kamen gelaufen
Alle schnauften

Oder etwa so?

Maria betete
Josef stand daneben
Das Jesuskindlein lag in der Krippe
Der Ochse schnaufte
Der Esel wackelte mit den Ohren
Der Stern erglänzte
Die himmlischen Heerscharen jubelten
Die Hirten kamen gelaufen
Die Heiligen Drei Könige kamen geritten
Alle waren glücklich

Ja, so.

Das Pfingstwunder

In einem verschlossenen Zimmer standen seit Jahren ein Tisch und ein Stuhl und sagten nie etwas zueinander, weil keiner die Sprache des anderen verstand.

Wenn der Stuhl etwas von seiner Lehne sagte, meinte der Tisch, er spreche von seinen Zähnen, und wenn der Tisch etwas von seinen Beinen brummte, meinte der Stuhl, er erzähle von seinen Schweinen, und so hatten sie es schon lange aufgegeben, zusammen zu sprechen.

Einmal, am Pfingstsonntag, trat die Hausfrau ins Zimmer und machte singend das Fenster auf und mit der frischen Luft kamen die Sonnenstrahlen herein und wärmten Tisch und Stuhl, draußen tschilpten die Spatzen in den Büschen, die Tauben gurrten auf den Nachbardächern, die Amseln jubilierten auf den Fernsehantennen und der Himmel war wolkenlos blau.

Da wurde es dem Tisch und dem Stuhl ganz eigenartig zumute.

»Was für ein Tag!«, sagte der Tisch.

»Ein Wetter glatt zum Eierlegen!«, sagte der Stuhl und beide verstanden einander sogleich.

Nun begannen sie zusammen zu sprechen, und siehe da, jeder verstand die Sprache des andern und sie erzählten sich alles, was sie miteinander erlebt hatten.

Kichernd erinnerten sie sich an verschütteten Himbeersirup, an den Wurm im Salat, den Frau Glutz gegessen hatte,

und daran, wie Onkel Eugen einmal mit dem Stuhl umge-
kippt war.

Dann kam die Hausfrau, schloss das Fenster wieder, zog
die Vorhänge zu und verließ das Zimmer.

»Weißt du noch, der Wurm?«, ächzte der Tisch, aber der
Stuhl konnte sich an keinen Sturm erinnern.

»Weißt du noch, der Onkel? Hoppla!«, knarrte der Stuhl,
aber der Tisch wusste nicht, von welchem Opa der Stuhl
sprach, und so verstummten sie und warteten darauf, dass
am nächsten Pfingstfest wieder ein Fenster aufginge.

Der Mann auf der Insel

Es war einmal ein Mann, der lebte auf einer Insel.

Eines Tages merkte er, dass die Insel zu zittern begann.

»Sollte ich vielleicht etwas tun?«, dachte er.

Aber dann beschloss er abzuwarten.

Wenig später fiel ein Stück seiner Insel ins Meer.

Der Mann war beunruhigt.

»Sollte ich vielleicht etwas tun?«, dachte er.

Aber als die Insel zu zittern aufhörte, beschloss er abzuwarten. »Bis jetzt«, sagte er sich, »ist ja auch alles gut gegangen.«

Es dauerte nicht lange, da versank die ganze Insel im Meer und mit ihr der Mann, der sie bewohnt hatte.

»Vielleicht hätte ich doch etwas tun sollen«, war sein letzter Gedanke, bevor er ertrank.

Die alte Frau

Eine alte Frau lebte ganz allein und war immer traurig.

Sie hatte keine Kinder und alle Menschen, die sie gern gehabt hatte, waren gestorben.

Den ganzen Tag saß sie am Fenster ihres Zimmers und schaute hinaus.

»Ach«, dachte sie oft, »wenn ich doch ein Vogel wäre und fliegen könnte.«

Eines Tages, als sie das Fenster geöffnet hatte und die Sonnenstrahlen hereinschienen und sie draußen die Vögel zwitschern hörte, dachte sie wieder: »Ach, wenn ich doch ein Vogel wäre und fliegen könnte.« Und auf einmal war sie nicht mehr eine alte Frau, sondern eine schöne weiße Möwe, die sich von ihrem Fenstersims in die Luft erhob. Sie flog über die ganze Stadt, machte einen langen Bogen über den See, setzte sich auf viele Kirchturmspitzen und Brückengeländer und schnappte fröhlich krähend nach Brotstücklein, die ihr von Großmüttern und deren Enkeln am Seeufer zugeworfen wurden, bis sie am Abend wieder nach Hause flatterte, zu ihrem Fenster hinein auf den Stuhl hüpfte und dort die alte Frau wurde, die sie am Morgen gewesen war.

»Das war aber schön«, dachte sie und am nächsten Morgen öffnete sie wieder das Fenster und schwang sich vom Sims als Möwe davon und so machte sie es fortan jeden Tag, bis sie einmal so hoch und so weit fortflog, dass sie nicht mehr zurückkam.

Die verschwundenen Leintücher

»Mama«, fragte ein Mädchen seine Mutter, »wo ist eigentlich mein rotes Leintuch?«

»Ich habe es bestimmt nicht gefressen«, sagte die Mutter nur und gab ihm ein blaues.

»Mama«, fragte das Mädchen nach der nächsten Wäsche, »wo ist eigentlich mein blaues Leintuch?«

»Ich habe es bestimmt nicht gefressen«, sagte die Mutter und gab ihm ein grünes.

»Mama«, fragte das Mädchen nach der nächsten Wäsche, »wo ist eigentlich mein grünes Leintuch?«

Die Antwort der Mutter war wieder dieselbe: »Ich habe es bestimmt nicht gefressen«, sagte sie und gab ihm ein braunes.

Das kam dem Mädchen merkwürdig vor und als die Mutter das nächste Mal Wäsche hatte, schlich es sich in den Keller, um sie zu beobachten.

Und was musste es da sehen?

Nachdem die Mutter die Kochwäsche zur Waschmaschine herausgezogen hatte, hängte sie alles auf, Frottiertücher, Tischtücher, Waschlappen, Bettüberzüge, aber als sie das braune Leintuch in der Hand hatte, begannen ihre Augen eigenartig zu glänzen, ihre Hände fingen zu zittern an, sie führte einen Zipfel davon in den Mund, kaute ihn, und auf einmal machte sie sich gierig über das ganze Leintuch her und würgte es in kürzester Zeit hinunter. Dann ließ sie sich mit einem wohligen Stöhnen auf den Wäschekorb sinken.

Das Mädchen ging leise wieder nach oben und fragte seine Mutter nie mehr nach den Leintüchern. Aber sein Vertrauen in die Erwachsenen war seit diesem Erlebnis dahin.

Der Walkmandieb
(nach einem chinesischen Märchen)

Ein Mann vermisste einmal seinen Walkman.

Er schaute unter dem Bett nach, auf seinem Schreibtisch und auf der Kommode des Badezimmers.

Als er ihn an keinem dieser Orte fand, kam ihm der Verdacht, er könnte gestohlen worden sein.

Er wusste auch sofort, wer seinen Walkman gestohlen haben musste, nämlich der junge Mann im oberen Stock. Er begann ihn zu beobachten und er sah ganz klar, dass der junge Mann die Bewegungen eines Walkmandiebes hatte, auch seine Blicke waren die eines Walkmandiebes, und erst seine Kleider – es waren die typischen Kleider eines Walkmandiebes!

Die Frage war jetzt nur noch, wie er ihm diesen Diebstahl beweisen konnte. »Das Beste wäre«, dachte der Mann, »ich warte, bis er fort ist, dringe dann in seine Wohnung ein und durchsuche alles.«

Der Mann wollte sich zu diesem Zwecke Handschuhe anziehen, öffnete seinen Kleiderschrank und fand dort seinen Walkman, der in der Brusttasche seines Trainingsanzuges steckte.

Und seltsam, als er den jungen Mann im Treppenhaus das nächste Mal anschaute, hatte dieser plötzlich nicht mehr die Bewegungen eines Walkmandiebes, auch seine Blicke waren überhaupt nicht die eines Walkmandiebes und Kleider wie er trug eigentlich heute fast jeder jüngere Mensch.

Der junge Mensch aber wunderte sich, dass ihn der Mann aus dem unteren Stock so anschaute. »Der blickt mich ja an«, dachte er, »als hätte er mich bestohlen.«

Er vermisste nämlich seit gestern seinen Walkman.

Kriminalroman

Schaut ihr manchmal auch einen Krimi an im Fernsehen?

Die Eltern haben das ja nicht besonders gern, sie möchten ihn lieber allein anschauen. Gewöhnlich ist es ihnen lieber, wenn ihr einen Krimi lest, einen für Kinder, ›Die schwarze Hand‹ vielleicht oder ›Die drei Fragezeichen‹ oder wie sie alle heißen.

Ich muss sagen, ich hab sie nicht so gern, die Krimis, weder die geschriebenen noch die im Fernsehen, weil ich meistens gar nicht verstehe, worum es eigentlich geht, wenn all diese düsteren Typen mit ihren Köfferchen und ihren Hüten rumschleichen, und am Schluss, wenn die Auflösung kommt, hab ich den Anfang wieder vergessen.

Es darf ja auch nie derjenige der Täter sein, den man im Verdacht hat, nie, immer ist es ein anderer, der die ganze Zeit so harmlos getan hat . . .

Vielleicht geht es euch auch so und drum hab ich gedacht, ich schreib mal einen Kriminalroman, bei dem einfach von Anfang an alles ganz klar ist, und das ist der, der jetzt kommt. Ihr seht schon mit einem einzigen Blick, dass er viel kürzer ist als ein normaler Kriminalroman, und er geht so:

Alles deutete darauf hin, dass der schlanke Anton den Papagei von Frau Eisenmann erwürgt hatte. Seine Fingerabdrücke waren am Käfig und am Hals des Tieres gefunden worden, sein Alibi war unglaubhaft und die Wunde an seinem linken Handgelenk war eindeutig ein Schnabelhieb von Frau Eisenmanns Papagei.

Zudem hatten verschiedene Nachbarinnen am Nachmittag des Mordes gehört, wie der Papagei verzweifelt »Anton! Anton!«, durchs offene Fenster rief. Dazu kam, dass der schlanke Anton seit Tagen gedroht hatte, er bringe den Papagei von Frau Eisenmann um, weil er jeden Morgen Punkt 6 Uhr »So ein Tag, so wunderschön wie heute!« krächze.

Der schlanke Anton kam also vor Gericht, gab die Tat zu und wurde zu einer Buße von 500 Franken verurteilt.

Das tote Kaninchen

Wollt ihr mal eine wahre Geschichte hören, statt immer dieses erfundene Zeug von Zwergen und Riesen und Tieren, die sprechen können?

Also, mein Cousin hatte einmal Besuch – kennt ihr meinen Cousin? Er hat ein Bäuchlein, ist eher klein, schwarzes Kraushaar und ein Schnäuzchen, wohnt etwas außerhalb der Stadt in einer Einfamilienhaussiedlung am Waldrand – ihr kennt ihn nicht? Huber heißt er und seine Frau ist ein bisschen größer als er, mit rötlichen Haaren, die sie immer so hochgebunden hat – ihr kennt sie nicht?

Schade, die sind sehr nett – fröhliche Menschen beide, lachen viel, also die hatten kürzlich – er fährt so einen dunkelblauen Kleintransporter, den er in ein Wohnmobil umgebaut hat – ihr kennt ihn trotzdem nicht, ist ja egal, die hatten also kürzlich Besuch von einem jüngeren Ehepaar, mit dem sie befreundet sind, und die brachten einen Hund mit, auch einen jüngeren, und der wollte dauernd raus, ihr wisst, wie junge Hunde sind, mit diesen tapsigen Pfoten, wenn sie draußen sind, wollen sie rein, wenn sie drin sind, wollen sie raus, also die ließen ihn dauernd raus und rein während des Besuchs, und erst als die Besitzerin sagte – ein Irish Setter war es, also so ein langes Elend mit Haaren wie Putzfäden –, als die Besitzerin sagte: »Jetzt bleibst du aber mal draußen, verstanden!«, hatte der Hund tatsächlich verstanden und blieb ganz lang draußen, und als er wiederkam, war er total verdreckt, vor allem an den Pfoten, und hatte ein totes Kaninchen in der Schnauze. Mein Cousin und seine Frau erschraken, denn sie sahen, dass es ein Kaninchen ihres Nachbarn sein musste, der züchtete Belgische Riesen, das ist die Sorte mit den besonders großen Ohren, die sie immer so traurig hängen lassen.

Meinem Cousin und seiner Frau mit den aufgesteckten rötlichen Haaren war das so peinlich, dass sie etwas Dummes taten. Statt zum Nachbarn zu gehen und es ihm zu erzählen, wuschen sie das tote Kaninchen schön sauber, fönten ihm noch die Haare, schlichen dann zum Kaninchenstall hinüber und legten das Tier in ein leeres Abteil.

Als die Frau meines Cousins am nächsten Tag den Nachbarn sah, sagte der, ihm sei etwas Seltsames passiert. Vor zwei Tagen hätte er ein Kaninchen, das ihm gestorben sei, im Wald vergraben, und heute morgen läge dasselbe Kaninchen tot, aber völlig sauber in seinem Stall.

Wie die Berge in die Schweiz kamen

Früher war die Schweiz eines der flachsten Länder der Welt. Zwar war das ganze Land voller Sesselbahnen und Skilifte, aber sie führten alle geradeaus. Die Bergstationen waren nicht höher als die Talstationen, und wenn die Leute ausstiegen, wussten sie nicht recht, was tun.

»Man sieht hier auch nicht weiter«, sagten sie und fuhren ratlos wieder zurück. Skis und Schlitten versorgten sie zuhinterst in ihren Kellern.

»Was uns fehlt«, sagten sie zueinander, »sind die Berge.«

Einmal nun wanderte ein kluger Schweizer nach Holland. Matter hieß er, Benedikt Matter.

Was er dort sah, erstaunte ihn. Das ganze Land war voller Berge, aber es gab weder Skis noch Schlitten und schon gar nicht Sesselbahnen oder Skilifte. Im Winter stiegen die Holländer zu Fuß auf die verschneiten Gipfel und fuhren in ihren Holzpantoffeln wieder hinunter. Aber nach einem Mal hatten sie genug. Die Pantoffeln füllten sich rasch mit Schnee und sie bekamen nasse Füße. »Es ist so mühsam«, sagten die Holländer zueinander. »Was uns hier fehlt, ist flaches Land.«

Benedikt Matter horchte auf. »Was würdet ihr denn mit dem flachen Land tun?«, fragte er die Holländer.

»Tulpen pflanzen!«, riefen sie sofort, »das gibt nicht viel zu tun!«

»Das trifft sich gut«, sagte Benedikt Matter, »in der Schweiz gibt es fast nur Tulpen. Wir wissen kaum, wohin damit.«

Da beschlossen die Holländer, ihre Berge mit den Schweizern gegen Tulpen zu tauschen.

Die Schweizer begannen nun alle ihre Tulpenzwiebeln in Kisten zu verpacken und nach Holland zu schicken.

Mit den Bergen war es etwas schwieriger.

Da erinnerte sich Benedikt Matter an das alte Sprichwort »Der Glaube versetzt Berge«.

»Wir müssen es nur glauben«, sagte er, »dann passiert es auch.«

Nun gingen alle Schweizer und Holländer einen Tag lang in die Kirche und glaubten ganz fest, dass die Berge von Holland in die Schweiz kämen, und siehe da, in Holland knirschte und krachte es, ein Berg nach dem andern riss sich vom Boden los, flog in die Schweiz und ließ sich dort nieder.

Endlich führten die Schweizer Bergbahnen und Skilifte in die Höhe, man hatte oben eine wunderbare Aussicht auf andere Berge und konnte mit den Skis hinunterfahren und jetzt kamen die Leute von weit her, um hier Ferien zu machen.

Die Holländer aber brauchten sich nicht mehr mit den Bergen abzumühen, denn nun war bei ihnen alles flach geworden, und sie pflanzten überall Tulpen und verkauften sie in die ganze Welt.

So waren sie beide zufrieden, die Holländer und die Schweizer, und weil der Mann, dem das alles in den Sinn gekommen war, Benedikt Matter hieß, nannte man den schönsten Berg in der Schweiz zu seinen Ehren das MATTERHORN.

Ein Buch vom *Wünschen,*
von **Freunden** *und*
vom **Glücklichsein**

Barbara hat keine Freunde und die Schule macht ihr auch
keinen Spaß. Egal ob Rechnen, Lesen, Turnen oder Singen –
nichts gelingt ihr. So träumt sie von der Fee, die drei
Wünsche erfüllt. Als eines Nachts tatsächlich eine kleine Fee
in ihr Zimmer fliegt, ist Barbara schrecklich aufgeregt.
Tausendmal hat sie sich schon überlegt, was sie sich
wünschen könnte, doch jetzt ist alles wie weggeblasen. Waren
es die blauen Schuhe oder der knallrote Kugelschreiber?

Mit durchgehend farbigen Bildern
32 Seiten. Gebunden, Fadenheftung